WITHDRAWN

Ciencia en la ciudad
Science in the City

La ciencia y la ciudad
CITY SCIENCE

Marcia S. Freeman
Traducido por Esther Sarfatti

Rourke

Publishing LLC
Vero Beach, Florida 32964

www.rourkepublishing.com

PHOTO CREDITS: Cover © Getty images; title page and pages 7, 22 © Painet, Inc.; page 4 © USDA/Ken Hammond; page 8 © P.I.R.; page 11 © Lynn Stone; page 12 © Manuel Silva; page 13 © Romie Flanagan; page 15 © NASA; page 17 © Erica Kay; page 19 © USDA/Peggy greb; page 20 James Longwell

Library of Congress Cataloging-in-Publication Data

Freeman, Marcia S. (Marcia Sheehan), 1937-
 [Science in the city. Bilingual Spanish/English]
 Ciencia en la ciudad / Marcia S. Freeman.
   p. cm. -- (Ciencia citadina)
 ISBN 1-59515-669-0 (hardcover)
 1. Science--Juvenile literature. I. Title. II. Series.
 Q163.F76318 2005
 500--dc22
                                    2005023379

Printed in the USA

CG/CG

Contenidos
Table of Contents

Estudiar ciencia en la ciudad

¿Te gusta aprender acerca del mundo que te rodea? Si es así, eres un joven científico o científica.

Studying Science in the City

Do you like learning about the world around you? If you do, you are a young scientist.

Si vives en una ciudad, hay muchos lugares adonde puedes ir para aprender acerca de tu mundo. Puedes visitar museos y zoológicos.

If you live in a city, there are many places you can go to learn about your world. You can visit museums and zoos.

Puedes ir a parques y **planetarios**. Puedes visitar acuarios y jardines.

You can go to parks and **planetariums**. You can visit aquariums and gardens.

Museo de historia natural

¿Quieres aprender acerca de los huesos de dinosaurio?
Puedes ver huesos de dinosaurio en un museo de historia natural.

Natural History Museum

Do you want to learn about dinosaur bones? You can see
dinosaur bones at a museum of natural history.

*Los huesos fósiles de un
Tiranosaurio Rex*

*The fossil bones of a
Tyrannosaurus Rex*

Parque
Park

¿Quieres aprender acerca de los pájaros? Puedes observar pájaros en un parque. Puedes visitar un **aviario** en un zoológico.

Do you want to learn about birds? You can bird watch in a park. You can visit a zoo **aviary**.

*Un joven científico observa un pájaro con **binoculares**.*

*A young scientist looks at a bird with **binoculars**.*

Planetario

¿Quieres aprender acerca de la Luna o los planetas? Puedes estudiar el cielo en un planetario.

Planetarium

Do you want to learn about the moon or planets? You can study the sky at a planetarium.

Una joven científica mira a través de un telescopio.

A young scientist looks through a telescope.

Acuario

¿Quieres aprender acerca de los peces y la vida de los océanos? Puedes observar muchos animales y plantas marinos en un acuario.

Aquarium

Do you want to learn about fish and ocean life? You can observe many sea animals and plants at an aquarium.

Jóvenes científicos observan un tiburón en un acuario.

Young scientists watch a shark at an aquarium.

Jardín botánico

¿Quieres aprender acerca de los árboles y las flores? Encontrarás muchos tipos de plantas diferentes en un jardín **botánico**.

Botanic Garden

Do you want to learn about trees and flowers? You will find many different kinds of plants at a **botanic** garden.

Jóvenes científicos estudian una planta.

Young scientists learning about a plant.

Zoológico

¿Quieres aprender acerca de los animales? Puedes encontrar animales de todo el mundo en un zoológico.

Zoo

Do you want to learn about animals? You can find animals from all over the world at a zoo.

Los jóvenes científicos que viven en la ciudad tienen suerte. Hay muchos lugares adonde pueden ir para aprender acerca del mundo que los rodea.

Young scientists in the city are lucky. They have lots of places to learn all about their world.

Glosario / Glossary

aviario — un hábitat para pájaros creado en un zoológico
binoculares — un instrumento con lentes que permite mirar con los dos ojos a la vez y que sirve para hacer que los objetos lejanos parezcan más grandes y más cercanos
botánico — que tiene que ver con las plantas
planetario — un edificio que tiene el techo en forma de bóveda donde se pueden ver imágenes de estrellas, planetas, el Sol y la Luna.

aviary (AY vee er ee) — a zoo habitat for birds
binoculars (buh NOK yuh lurz) — an instrument with lenses and two eye parts for making a far object appear closer
botanic (BUH TAN IK) — having to do with plants
planetariums (PLAN uh TER ee umz) — buildings with a domed room for showing the way the sky looks

Lecturas adicionales / Further Reading

Freeman, Marcia. *Going to the City*. Rand McNally, 1999
Lewin, Betsy, *Walk a Green Path*. Lothrop, 1995
McMillan, Bruce, *The Baby Zoo*. Scholastic, 1995

Acerca de la autora / About the Author

Marcia S. Freeman disfruta escribiendo libros de ciencias para niños. Graduada de la Universidad de Cornell, ha enseñado ciencias y escritura a estudiantes de todas las edades y también a sus maestros. Vive en Florida, donde le gusta pescar, observar pájaros y escribir.

Marcia S. Freeman loves writing science books for children. A Cornell University graduate, she has taught science and writing to students of all ages, and their teachers too. She lives in Florida, where she fishes, bird watches, and writes.